x.y,

(C.)

CHANSONS NOUVELLES

DE P. J.

DE BÉRANGER

. IMPRIMERIE CLAYE ET TAILLEFER,
RUE SAINT-BENOIT, 7.

CHANSONS NOUVELLES

DE P. J. DE

BÉRANGER

Complément de toutes les éditions

UN BEAU PORTRAIT D'APRÈS NATURE

PAR SANDOZ

Notre raison, six mille ans endormie,
Enfin s'éveille et tente un juste effort.
Déjà, chez nous, on parle économie
Et du vieux code on veut rayer la mort.
Plus ménager d'or et de sang, je pense,
Le monde, un jour, purifiera ses lois;
Et comme objet de nuisible dépense,
Supprimera les bourreaux et les rois.

(*1834. Extrait d'une chanson inédite.*)

PARIS

PERROTIN, ÉDITEUR

DE LA MÉTHODE WILHEM ET DE L'ORPHÉON

PLACE DU DOYENNÉ, 3

1848

A M. PERROTIN [*]

Il y a douze ans, mon cher Perrotin, que, pensant à l'oubli où, selon moi, mes chansons devaient tomber promptement, je vous cédai toutes mes chansons, faites et à faire, pour une modique rente viagère de 800 francs. Vous hésitiez à conclure ce marché, que vous trouviez désavantageux pour moi. Avec un autre que vous il l'eût été en effet ; car, en dépit de mes prédictions, le public m'ayant conservé toute sa bienveillance, les éditions se succédèrent rapidement. De vous-même alors, et à plusieurs reprises, vous avez augmenté cette rente, que ma signature vous donnait le droit de laisser à son premier chiffre. Bien plus, vous n'avez cessé de me prodiguer les soins dispendieux, les attentions délicates d'un dévouement que je puis appeler filial.

La magnifique édition que vous annoncez aujourd'hui, sans nécessité pour votre commerce, est encore un effet de ce dévouement. C'est une espèce de glorification artistique que vous voulez donner à mes vieux refrains ; entreprise que j'ai dû désapprouver, en considérant ce qu'elle vous causerait de dépenses et de peines.

Quelque succès qu'aient déjà obtenu les premières livraisons de cette édition, illustrée par les dessinateurs et les graveurs les plus distingués, commentateurs ingénieux, qui trouvent souvent au texte qu'ils adoptent, plus d'esprit que l'auteur n'en a su mettre; quelque succès, dis-je, qu'aient obtenu ces livraisons, je sens qu'il est de mon devoir de vous venir en aide autant que cela m'est possible.

Sans avoir la fatuité de croire que je manque à la promesse faite au public de ne plus l'occuper de moi, je me décide donc à extraire du manuscrit des chansons de ma vieillesse, manuscrit qui vous appartiendra à ma mort, huit ou dix chansons, auxquelles vous pourrez joindre les couplets imprimés le jour du convoi de mon vieil ami Wilhem. J'ai choisi ces chansons parmi celles qui se rapprochent le plus, par les sujets et la forme, du genre de celles dont se composent mes précédents recueils. Ce n'est certes pas un riche présent que je vous fais; mais, quelles qu'elles soient, acceptez-les vite, car l'envie de les reprendre pourrait me venir. Vous savez mieux qu'un autre, mon cher Perrotin, combien me coûte aujourd'hui la moindre publication nouvelle. Aussi, j'espère qu'on ne verra dans ce chétif larcin fait à mon recueil posthume qu'un témoignage de gratitude donné par le vieux chansonnier à son fidèle éditeur. J'ajoute que près de vingt ans de bonne intelligence entre un homme de lettres et un libraire, est malheureusement chose assez rare, depuis l'invention de l'imprimerie, pour que tous les deux nous en soyons également fiers. En vous offrant la preuve du prix que j'y attache, mon cher Perrotin, je suis à vous de cœur.

P.-J. DE BÉRANGER.

Paris, 19 décembre 1846.

P. S. Je regrette de ne pouvoir vous donner une de mes chansons inédites sur Napoléon : mais je tiens à ce que celles-là paraissent toutes ensemble.

CHANSONS NOUVELLES

DE P. J.

DE BÉRANGER

NOTRE COQ

PAR JACQUES DUBUISSON

SERGENT AUX CHASSEURS D'AFRIQUE

PUBLIÉ LE 5 MARS 1847.

AIR : Madelon s'en fut à Rome, tonderontaine, tonderonton.

Notre coq, d'humeur active,

Las d'Alger, s'écrie : Il faut

Que jusqu'au bon Dieu j'arrive,

Pour voir s'il s'endort là-haut.

J'ai réponse à tout qui-vive.

　　Co, co, coquérico.

France, remets ton schako.

Coquérico, coquérico.

Oui, jusqu'au ciel je m'envole,

Sans permis des généraux.

Heureux, si mon chant racole

Des âmes de vieux héros.

De leur gloire je raffole.

  Co, co, coquérico.

  France, remets ton schako.

Coquérico, coquérico.

Que ces étoiles sont belles!

Et les cieux, comme ils sont grands!

Ces planètes seraient—elles

Un bon mets de conquérants!

Qu'à nos gens poussent des ailes!

  Co, co, coquérico.

  France, remets ton schako.

Coquérico, coquérico.

Dans Vénus j'entre à la brune;

Mars m'attire à ses tambours.

Chez Mercure, la Fortune

Gave butors* et vautours.

Que d'avocats dans la lune !

   Co, co, coquérico.

   France, remets ton schako.

Coquérico, coquérico.

Du soleil je fends la voûte.

Dieu ! l'Empereur m'apparaît !

Tu veux un guide, sans doute ;

Tiens, dit-il, mon aigle est prêt.

Du Ciel il connaît la route.

   Co, co, coquérico.

   France, remets ton schako.

Coquérico, coquérico.

Nous partons, et dans nos traites,

L'aigle se plaît à conter

Batailles, siéges, retraites ;

Si bien que, pour l'écouter,

---

* Butor, oiseau de proie.

S'arrêtent plusieurs comètes.

   Co, co, coquérico.

  France, remets ton schako.

Coquérico, coquérico.

Vient un parfum qui nous flatte :

Au Paradis nous voilà,

Dit l'aigle ; à la porte gratte :

Mon père, quittons-nous là.

Adieu, serrons-nous la patte.

   Co, co, coquérico.

  France, remets ton schako.

Coquérico, coquérico.

Qui fume à cette fenêtre?

C'est saint Pierre. Il me dit : Coq,

Aucun des tiens ne pénètre

Chez nous, que pour pendre au croc.

Vos chants m'ont trop fait connaître.

   Co, co, coquérico.

  France, remets ton schako.

Coquérico, coquérico.

Passe un ange qui raconte
Le refus du vieux commis.
Cours, dit le bon Dieu; qu'il monte,
Ce coq est de mes amis.
J'entre, et Pierre en meurt de honte.
   Co, co, coquérico.
  France, remets ton schako.
Coquérico, coquérico.

Mange et bois dans mon aiguière,
Dit le bon Dieu, fort à point.
— Çà! parmi vos gens de guerre,
De moi ne médit-on point?
— A vous ils ne pensent guère.
   Co, co, coquérico.
  France, remets ton schako.
Coquérico, coquérico.

Mais quoi! le bon Dieu se fâche!

— Coq, ne désertes-tu pas?

— Corbleu! suis-je donc un lâche?

— Non; mais retourne là-bas :

Tu n'as point fini ta tâche.

    Co, co, coquérico.

    France, remets ton schako.

Coquérico, coquérico.

Sous le drapeau tricolore

Va réchauffer cœurs et bras.

De vous j'ai besoin encore.

Coq, bientôt tu chanteras

Le réveil avant l'aurore.

    Co, co, coquérico.

    France, remets ton schako.

Coquérico, coquérico.

L'oiseau, prompt comme la foudre,

Rentre au quartier général,

Disant : L'on en va découdre;

Dieu fait seller son cheval;

Les anges font de la poudre.

 Co, co, coquérico.

 France, remets ton schako.

Coquérico, coquérico.

De ce récit véridique,

C'est moi, Jacques Dubuisson,

Sergent aux chasseurs d'Afrique,

Qui composai la chanson.

Apprenez-en la musique.

 Co, co, coquérico.

 France, remets ton schako.

Coquérico, coquérico.

LE GRILLON

FONTAINEBLEAU 1836

Air de Jacques.

Au coin de l'âtre où je tisonne
En rêvant à je ne sais quoi,
Petit Grillon, chante avec moi
Qui, déjà vieux, toujours chansonne.
Petit Grillon, n'ayons ici,
N'ayons du monde aucun souci.

Nos existences sont pareilles :
Si l'enfant s'amuse à ta voix,
Artisan, soldat, villageois,
A la mienne ont charmé leurs veilles.
Petit Grillon, n'ayons ici,
N'ayons du monde aucun souci.

Mais sous ta forme hétéroclite
Un lutin n'est-il pas caché?
Vient-il voir si quelque péché
Tient compagnie au vieil ermite?
Petit Grillon, n'ayons ici,
N'ayons du monde aucun souci.

N'es-tu pas sylphe et petit page
De quelque fée au doux pouvoir.
Qui t'adresse à moi pour savoir
A quoi le cœur sert à mon âge?
Petit Grillon, n'ayons ici,
N'ayons du monde aucun souci.

Non; mais en toi, je le veux croire,
Revit un auteur qui, jadis,
Mourut de froid dans son taudis,
En guettant un rayon de gloire.
Petit Grillon, n'ayons ici,
N'ayons du monde aucun souci.

Docteur, tribun, homme de secte,
On veut briller, l'auteur surtout.
Dieu, servez chacun à son goût :
De la gloire à ce pauvre insecte.
Petit Grillon, n'ayons ici,
N'ayons du monde aucun souci.

La gloire ! est fou qui la désire :
Le sage en dédaigne le soin.
Heureux, qui recèle en un coin
Sa foi, ses amours et sa lyre !
Petit Grillon, n'ayons ici,
N'ayons du monde aucun souci.

L'envie est là qui nous menace.
Guerre à tout nom qui retentit !
Au fait, plus ce globe est petit,
Moins on y doit prendre de place.
Petit Grillon, n'ayons ici,
N'ayons du monde aucun souci.

Ah! si tu fus ce que je pense,
Ris du lot qui t'avait tenté.
Ce qu'on gagne en célébrité,
On le perd en indépendance.
Petit Grillon, n'ayons ici,
N'ayons du monde aucun souci.

Au coin du feu, tous deux à l'aise,
Chantant l'un par l'autre égayés,
Prions Dieu de vivre oubliés,
Toi, dans ton trou; moi sur ma chaise.
Petit Grillon, n'ayons ici,
N'ayons du monde aucun souci.

LES ÉCHOS

1839

Air

On pèche au ciel, et c'est un fait notoire
Que les échos sont tous des esprits purs,
Pour leurs péchés tombés en purgatoire,
Dans nos vallons, dans nos bois, dans nos murs;
Tant qu'ici—bas dure leur pénitence,
Tout cri, tout mot est répété par eux.
C'est leur supplice; il est cruel en France.
    Les échos sont trop malheureux.

Plusieurs d'entre eux, délivrés de nos fanges,
Pauvres forçats par d'autres remplacés,
Rentrés au ciel, à leurs frères les anges
Parlaient ainsi de leurs tourments passés :

Dans ses salons, ses cafés, ses écoles,
Pour nous Paris est surtout bien affreux :
A tous les vents il y pleut des paroles.
    Les échos sont trop malheureux.

L'un d'eux ajoute : A l'Institut, mes frères,
J'eus pour prison des murs retentissants.
Doctes concours, spectacles littéraires
M'enflaient sans fin de mots vides de sens.
Réglant science, art, vers, morale, histoire,
Là, que de nains, au cerveau plat et creux,
Prenaient ma voix pour trompette de gloire !
    Les échos sont trop malheureux.

Moi, dit l'écho du Palais de Justice,
J'eus part forcée à d'absurdes arrêts.
Des becs retors et martyr et complice,
Que de clients j'ai ruinés en frais !
Des gens du roi j'allongeais l'éloquence.
Plus d'un haut rang ils étaient désireux,
Plus leur faconde effrayait l'innocence.

Les échos sont trop malheureux.

Un autre dit : Dans une basilique,

Près de la chaire, hélas! je fus logé.

Des sermonneurs ferai-je la critique

Et de la foi de messieurs du clergé?

Tous en bâillant de Dieu chantaient la gloire,

Tous sur l'enfer brodaient pour les peureux;

Et l'orgue seul au Très-Haut semblait croire.

Les échos sont trop malheureux.

Palais-Bourbon, j'ai subi tes séances!

S'écrie enfin de tous le plus puni :

De la tribune, écueil des consciences,

Un Manuel serait encor banni.

Paix! disait-on, quand venait me surprendre,

Dans cent discours, quelque mot généreux;

Écho, paix donc! les rois vont nous entendre.

Les échos sont trop malheureux.

A bas la loi, qui de nous, pauvres anges,

Fait les échos d'un peuple de bavards !

Clament en chœur les célestes phalanges :

L'art de parler est le plus sot des arts.

Nos remplaçants, déjà las du martyre,

Se croient en butte aux esprits ténébreux ;

Tous ont crié : De l'enfer Dieu nous tire !

Les échos sont trop malheureux.

L'ORPHÉON

LETTRE A B. WILHEM

AUTEUR

DE LA NOUVELLE MÉTHODE DE L'ENSEIGNEMENT MUSICAL

Après la dernière séance de l'Orphéon de 1841

Air :

Mon vieil ami, ta gloire est grande :
Grâce à tes merveilleux efforts,
Des travailleurs la voix s'amende
Et se plie aux savants accords.
D'une fée as-tu la baguette,
Pour rendre ainsi l'art familier?
Il purifira la guinguette ;
Il sanctifira l'atelier.

Wilhem, toi de qui la jeunesse
Rêva Grétry, Gluck et Mozart,
Courage! à la foule en détresse
Ouvre tous les trésors de l'art.
Communiquer à des sens vides
Les plus nobles émotions,
C'est faire en des grabats humides
Du soleil entrer les rayons.

La musique, source féconde,
Épandant ses flots jusqu'en bas,
Nous verrons ivres de son onde
Artisans, laboureurs, soldats.
Ce concert, puisses-tu l'étendre
A tout un monde divisé !
Les cœurs sont bien près de s'entendre
Quand les voix ont fraternisé.

Notre littérature est folle :
Fais-la rougir par tes travaux.
De meurtres elle tient école

Et pousse à des Werther nouveaux.
On l'entend, d'excès assouvie,
En vers, en prose s'essouffler
A décourager de la vie
Ceux qu'elle en devrait consoler.

Des classes qu'à peine on éclaire
Relevant les mœurs et les goûts,
Par toi, devenu populaire,
L'art va leur faire un ciel plus doux.
Les notes, sylphides puissantes,
Rendront moins lourd soc et marteau,
Et feront des mains menaçantes
Tomber l'homicide couteau.

Quand tu pouvais sur notre scène
Tenter un plus brillant laurier,
Tu choisis d'alléger la chaîne
Du pauvre enfant de l'ouvrier.
A tes leçons, large semence,
La foule accourt et tu les vois

Captivant jusqu'à la démence *,
Vers le ciel diriger sa voix.

D'une œuvre et si longue et si rude
Auras-tu le prix mérité?
Va, ne crains pas l'ingratitude,
Et ris-toi de la pauvreté.
Sur ta tombe, tu peux m'en croire,
Ceux dont tu charmes les douleurs
Offriront un jour à ta gloire
Des chants, des larmes et des fleurs **.

---

* Les docteurs Trélat et Leuret ont fait l'emploi le plus heureux, à la Salpétrière et à Bicêtre, de la méthode de Wilhem. Les pauvres aliénés des deux sexes en ont retiré une distraction puissante, et ont pu chanter à l'église des morceaux de musique qui offraient d'assez grandes difficultés d'exécution.

** Peu de mois après avoir adressé ces couplets à son vieil ami, l'auteur avait la douleur de voir s'accomplir la prédiction qui les termine. Wilhem mourait à soixante ans, pauvre, à bout de force, mais rêvant toujours à l'extension de sa méthode, fruit de vingt-deux ans de travaux; les autorités municipales et départementales, les maîtres qu'il avait formés, et la foule de ses élèves de tout âge, accompagnaient sa dépouille au cimetière, où lui furent rendus les honneurs qu'il avait le plus enviés.

LES PIGEONS DE LA BOURSE

Pigeons, vous que la muse antique
Attelait au char des Amours,
Où volez-vous? Las ! en Belgique
Des rentes vous portez le cours !
Ainsi, de tout faisant ressource,
Nobles tarés, sots parvenus
Transforment en courtiers de bourse
Les doux messagers de Vénus.

De tendresse et de poésie,
Quoi ! l'homme en vain fut allaité.
L'or allume une frénésie
Qui flétrit jusqu'à la beauté !

Pour nous punir, oiseaux fidèles,

Fuyez nos cupides vautours ;

Aux cieux remportez sur vos ailes

La poésie et les amours.

━━━━━━━━━━━━━━━━━━━ ◦◦◦◉◖◉◗◉◦◦◦ ━━━━━━━━━━━━━━━━━━━

BAPTÊME DE VOLTAIRE

Air : Les cloches du monastère.

La foule encombre l'église ;
Les prêtres sont en émoi.
C'est un garçon qu'on baptise,
Fils d'un trésorier du roi.
Le curé court en personne
Dire au bedeau : Sonne ! sonne !
　　Dig don ! dig don !
Que n'avons-nous un bourdon !　⎫
　　Dig don ! dig don !　　　　　⎬ bis.
　　　Dig ! don !　　　　　　　　⎭

---

* Voltaire, né en février 1694, était d'apparence si frêle qu'on se contenta de l'ondoyer en famille. Son baptême n'eut lieu qu'en novembre de la même année, à Saint-André-des-Arts. Son père, notaire d'abord, devint trésorier de la cour des comptes.

Le curé parle au vicaire :
Ce baptême nous fera
Redorer croix, reliquaire,
Ostensoir, *et cœtera*.
Même il se peut que j'accroche
De l'argent pour une cloche.
    Dig don ! dig don !
Que n'avons-nous un bourdon !
    Dig don ! dig don !
      Dig ! don !

Ah ! crie un chantre, j'espère
Que, nous livrant son cellier,
Cet enfant comme son père
Un jour sera marguillier.
Qu'à son nom l'honneur s'attache
D'un gros marguillier sans tache.
    Dig don ! dig don !
Que n'avons-nous un bourdon !
    Dig don ! dig don !
      Dig ! don !

A la marraine un beau prêtre
Dit tout bas : Les jolis yeux !
Madame, vous devez être
Un ange envoyé des cieux.
L'enfant qu'un ange patronne
Est un saint que Dieu nous donne.
    Dig don ! dig don !
Que n'avons-nous un bourdon !
    Dig don ! dig don !
      Dig ! don !

De sa mère, ajoute un diacre,
Ce fils aura tout l'esprit.
Qu'à la chaire il se consacre :
Il vengera Jésus-Christ.
Qui sait, à sa voix peut-être
Plus d'un bûcher doit renaître.
    Dig don ! dig don !
Que n'avons-nous un bourdon !
    Dig don ! dig don !
      Dig ! don !

Mais du ciel tombe un fantôme,
C'est Rabelais, grand moqueur,
Qui leur dit : Dans ce vieux tome
J'ai chanté jadis au chœur.
Sur cet enfant qu'on baptise,
Dieu veut que je prophétise.

    Dig don ! dig don !
Que n'avez-vous un bourdon !
    Dig don ! dig don !
      Dig ! don !

Nous nommions François–Marie
Ce garçon, dit le parrain.
Le fantôme se récrie :
De tels noms ne lui vont brin.
La Gloire, à son baptistère,
Lui donnera nom, Voltaire.

    Dig don ! dig don !
Que n'avez–vous un bourdon !
    Dig don ! dig don !
      Dig ! don !

Dans ce marmot, tête énorme,

Germe un puissant écrivain

Qui doit, en fait de réforme,

Passer Luther et Calvin.

Sots préjugés, il vous sape.

Gare à vous, monsieur du pape !

  Dig don ! dig don !

Que n'avez-vous un bourdon !

  Dig don ! dig don !

    Dig ! don !

Ce Rabelais, qu'on l'arrête !

Dit le curé s'échauffant.

Pour nous un dîner s'apprête

Chez le père de l'enfant :

De cadeaux il nous accable :

Baptisons, fût-ce le diable !

  Dig don ! dig don !

Que n'avons-nous un bourdon !

  Dig don ! dig don !.

    Dig ! don !

Le fantôme qui s'envole
Crie aux prêtres : Avant peu,
Voltaire encore à l'école,
En jouant y met le feu.
Ce feu chez vous va s'étendre :
Aux cloches il faut vous pendre.
    Dig don ! dig don !
Que n'avez-vous un bourdon !   }
    Dig don ! dig don !   *bis.*
      Dig ! don !

CLAIRE

Air :

Quelle est cette fille qui passe
D'un pied léger, d'un air riant?
Dans son sourire que de grâce,
De bonté dans son œil brillant!
— Elle est modiste et désespère
Ses compagnes par sa fraîcheur;
Sa beauté fait l'orgueil d'un père :
C'est la fille du fossoyeur.

Claire habite le cimetière.
Ce qu'au soleil on voit briller,
C'est sa fenêtre, et sa volière
Qu'on entend d'ici gazouiller.

Là-bas, voltige sur les tombes
Un couple éclatant de blancheur;
A qui ces deux blanches colombes?
A la fille du fossoyeur.

Le soir, près du mur qui domine
Son toit, où la vigne a grimpé,
Par les sons d'une voix divine
De surprise on reste frappé.
Chant d'amour ou chant d'allégresse
Vous retient joyeux ou rêveur.
Quelle est, dit-on, l'enchanteresse?
C'est la fille du fossoyeur.

On l'entend rire dès l'aurore
Sous les lilas de ce bosquet,
Où les fleurs humides encore
A sa main s'offrent par bouquet.
Là, que les plantes croissent belles!
Que les myrtes ont de vigueur!
Là, toujours des roses nouvelles

Pour la fille du fossoyeur.

Sous son toit, demain grande fête ;
Son père va la marier.
Elle épouse, et la noce est prête,
Un jeune et beau ménétrier.
Demain, sous la gaze et la soie,
Comme en dansant battra son cœur !
Dieu donne enfants, travail et joie
A la fille du fossoyeur.

LE DÉLUGE

PUBLIÉ DANS LA LIVRAISON DU 26 MAI 1847.

Air des Trois couleurs.

Toujours prophète, en mon saint ministère,
Sur l'avenir j'ose interroger Dieu.
Pour châtier les princes de la terre,
Dans l'ancien monde un déluge aura lieu.
Déjà, près d'eux, l'Océan sur ses grèves
Mugit, se gonfle : il vient, maîtres, voyez !
Voyez, leur dis-je. Ils répondent : Tu rêves.
Ces pauvres rois (*bis*), ils seront tous noyés.

Que vous ont fait, mon Dieu, ces bons monarques ?
Il en est tant dont on bénit les lois.
De jougs trop lourds si nous portons les marques,
C'est qu'en oubli le peuple a mis ses droits.

Pourtant les flots précipitent leur marche
Contre ces chefs jadis si bien choyés.
Faute d'esprit pour se construire une arche,
Ces pauvres rois (*bis*), ils seront tous noyés.

Qui parle aux flots? un despote d'Afrique,
Noir fils de Cham, qui règne les pieds nus.
Soumis, dit-il, à mon fétiche antique,
Flots qui grondez, doublez mes revenus.
Et ce bon roi, prélevant un gros lucre
Sur les forbans à la traite employés,
Vend ses sujets pour nous faire du sucre.
Ces pauvres rois (*bis*), ils seront tous noyés.

Accourez tous! crie un sultan d'Asie :
Femmes, vizirs; eunuques, icoglans.
Je veux, des flots domptant la frénésie,
Faire une digue avec vos corps sanglants.
Dans son sérail tout parfumé de fêtes,
D'où vont s'enfuir ses gardes effrayés .
Il fume, il bâille, il fait voler des têtes.

Ces pauvres rois (*bis*), ils seront tous noyés.

Dans notre Europe, où naît ce grand déluge,
Unis en vain pour se prêter secours,
Tous ont crié : Dieu, soyez notre juge
Dieu leur répond : Nagez, nagez toujours.
Dans l'Océan ces augustes personnes
Vont s'engloutir ; leurs trônes sont broyés ;
On bat monnaie avec l'or des couronnes.
Ces pauvres rois (*bis*), ils seront tous noyés.

Cet Océan, quel est-il, ô prophète ?
Peuples, c'est nous, affranchis de la faim,
Nous, plus instruits, consommant la défaite
De tant de rois inutiles enfin.
Dieu fait passer sur ces fils indociles
Nos flots mouvants si longtemps fourvoyés.
Puis, le ciel brille et les flots sont tranquilles.
Ces pauvres rois (*bis*), ils seront tous noyés.

LES ESCARGOTS

1840

Air : Il n'y a que Paris, *ou* : Chantez, dansez, amusez-vous.

Chassé d'un gîte par huissier,
Je cherchais logis au village ;
Lorsqu'un colimaçon grossier
Me fait les cornes au passage.
Voyez comme ils font les gros dos, } *bis.*
Ces beaux messieurs les escargots.

Celui qui me nargue aujourd'hui
Semble dire : Vil prolétaire !
Il n'a pas même un chaume à lui !
L'escargot est propriétaire.
Voyez comme ils font les gros dos,
Ces beaux messieurs les escargots.

Au seuil de son palais nacré,
Ce mollusque, à bave incongrue,
Se carre en bourgeois décoré,
Tout fier d'avoir pignon sur rue.
Voyez comme ils font les gros dos,
Ces beaux messieurs les escargots.

Il n'a point à déménager,
Il n'a point à payer son terme.
Ses voisins sont–ils en danger,
Dans sa maison, vite, il s'enferme.
Voyez comme ils font les gros dos,
Ces beaux messieurs les escargots.

Trop sot pour connaître l'ennui,
Il fait son bien de toutes choses,
S'engraisse du travail d'autrui,
Et salit le pampre et les roses.
Voyez comme ils font les gros dos,
Ces beaux messieurs les escargots.

En vain tentent de l'émouvoir
Des oiseaux les voix les plus belles;
Le rustre a peine à concevoir
Qu'on ait une voix et des ailes.
Voyez comme ils font les gros dos,
Ces beaux messieurs les escargots.

Ce bourgeois a raison, ma foi.
Fi du peu que l'esprit rapporte !
Mieux vaut avoir maison à soi :
On met les autres à la porte.
Voyez comme ils font les gros dos,
Ces beaux messieurs les escargots.

En deux chambres l'on m'a conté
Que leurs législateurs s'assemblent.
Je le tiens pair ou député :
J'en connais tant qui lui ressemblent !
Voyez comme ils font les gros dos,
Ces beaux messieurs les escargots.

De ramper prenant sa façon,
Faisons de moi, s'il est possible,
Un électeur colimaçon,
Un colimaçon éligible.
Voyez comme ils font les gros dos,
Ces beaux messieurs les escargots.　} *bis.*

MA GAITÉ

AIR nouveau (de FRÉD. BÉRAT).

Ma gaîté s'en est allée.
Sage ou fou qui la rendra
A ma pauvre âme isolée,
Dieu l'en récompensera.
Tout vient aggraver ma perte :
L'infidèle, en s'évadant,
Au chagrin toujours rôdant
A laissé ma porte ouverte.
Au logis ramenez-la,
Vous tous qu'elle consola.

bis.

Ma gaîté, bonne égrillarde,
D'un garçon malingre et vieux

Devait me servir de garde,
Devait me fermer les yeux.
De ses traits qui n'a mémoire?
Pour me la voir ramener,
Si j'en avais à donner,
Je donnerais de la gloire.
Au logis ramenez-la,
Vous tous qu'elle consola.

Je lui dus, vaille que vaille,
Ces chants que le prisonnier
A tant redits sur sa paille
Et le pauvre en son grenier.
La folle, franchissant l'onde,
Brave et railleuse à Paris,
Allait rendre à nos proscrits
L'espérance au bout du monde.
Au logis ramenez-la,
Vous tous qu'elle consola.

« Cessez à de folles têtes

« D'inspirer vos désespoirs,

« Disait-elle aux grands poëtes :

« Le génie a ses devoirs.

« Qu'il brille au vaisseau qui sombre

« Comme un phare bienfaisant.

« Je ne suis qu'un ver luisant,

« Mais je rends la nuit moins sombre. »

Au logis ramenez-la ,

Vous tous qu'elle consola.

Du luxe elle avait la haine ,

Philosophait même un peu ;

En petit cercle et sans gêne

S'ébattait au coin du feu.

Que son rire avait de charmes !

J'en pleurais épanoui.

Le rire est évanoui ;

Il n'est resté que les larmes.

Au logis ramenez-la,

Vous tous qu'elle consola.

Elle exaltait la jeunesse,

Les cœurs chauds, les doux penchants,

Ne comptait dans notre espèce

Que des fous, point de méchants.

En dépit des sots rigides,

Qu'elle dépouilla de fois

La raison de ses airs froids,

La sagesse de ses rides !

Au logis ramenez-la,

Vous tous qu'elle consola.

Mais nous désertons la gloire,

Mais l'or seul nous fait des dieux;

Aux méchants si j'allais croire !

Gaîté, reviens au bon vieux.

Tout sans toi me rend à plaindre.

Las! mon cerveau se transit;

Ma voix meurt, mon feu noircit,

Et ma lampe va s'éteindre.

Au logis ramenez-la,

Vous tous qu'elle consola.　} *bis.*

FIN